# CET ALBUM PHOTO APPARTIENT À

## cet album photo est à moi!

Merci de ne pas le toucher sans ma permission

# PETITE SECTION

Année scolaire ___ / ___

Je suis dans la classe de ___

Mon école ___

Mes meilleurs amis de classe

J'ai ___ ANS

| En début d'année | En fin d'année |
|---|---|
| Je mesure | Je mesure |
| Je pèse | Je pèse |

Je colle ma photo

Meilleur souvenir de l'année
___
___
___

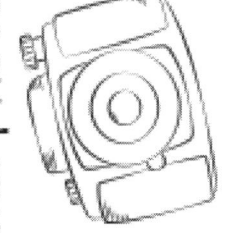
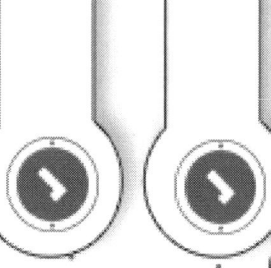
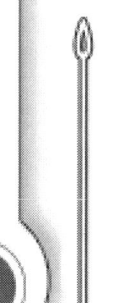
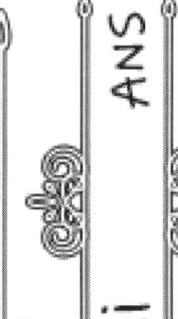

## Mes meilleurs souvenirs

## Prénoms de mes camarades dans la grande photo

# MA PHOTO DE CLASSE

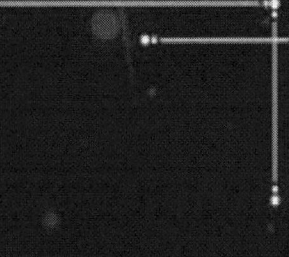

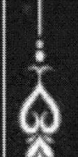

# MOYENNE SECTION

Année scolaire

Je suis dans la classe de

Mon école

J'ai ____ ANS

Mes meilleurs amis de classe

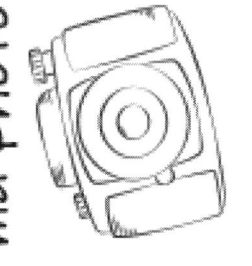

Je colle ma photo

Meilleur souvenir de l'année
_____
_____
_____
_____

| En début d'année | En fin d'année |
|---|---|
| Je mesure | Je mesure |
| Je pèse | Je pèse |

## Mes meilleurs souvenirs

## Prénoms de mes camarades dans la grande photo

# MA PHOTO DE CLASSE

# GRANDE SECTION

Année scolaire
____ / ____

Je suis dans la classe de
____

Mon école
____

Mes meilleurs amis de classe
- ____
- ____
- ____

J'ai ____ ANS

Je colle ma photo

Meilleur souvenir de l'année
____
____
____

| En début d'année | | En fin d'année | |
|---|---|---|---|
| Je pèse | Je mesure | Je pèse | Je mesure |
|  |  |  |  |

## Mes meilleurs souvenirs

## Prénoms de mes camarades dans la grande photo

# MA PHOTO DE CLASSE

# COURS PRÉPARATOIRE

Année scolaire ___ / ___

Je suis dans la classe de ___

Mon école ___

___
___
___

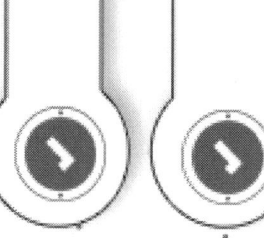

Mes meilleurs amis de classe

J'ai ___ ANS

| En début d'année je pèse | Je mesure | En fin d'année je pèse | Je mesure |
|---|---|---|---|
|  |  |  |  |

Je colle ma photo

Meilleur souvenir de l'année
___
___
___
___

## Mes meilleurs souvenirs

## Prénoms de mes camarades dans la grande photo

# MA PHOTO DE CLASSE

# COURS ELEMENTAIRE 1

Année scolaire ___ / ___

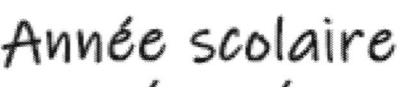

Je suis dans la classe de ___

Mon école ___

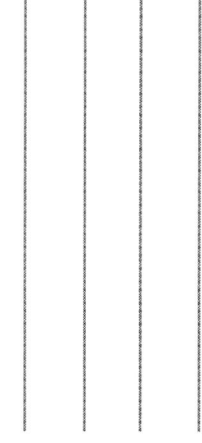

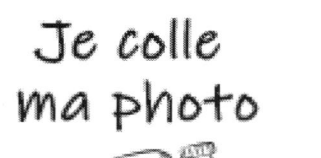

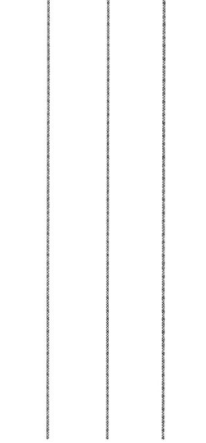

Mes meilleurs amis de classe

J'ai ___ ANS

| En début d'année | Je mesure | En fin d'année | Je mesure |
| --- | --- | --- | --- |
| je pèse | | je pèse | |

Je colle ma photo

Meilleur souvenir de l'année
___
___
___

## Mes meilleurs souvenirs

## Prénoms de mes camarades dans la grande photo

# MA PHOTO DE CLASSE

# COURS ELEMENTAIRE 2

Année scolaire ___ / ___

Je suis dans la classe de ___

Mon école ___

J'ai ___ ANS

Mes meilleurs amis de classe

Je colle ma photo

Meilleur souvenir de l'année
___
___
___

| | En début d'année je pèse | Je mesure | En fin d'année je pèse | Je mesure |
|---|---|---|---|---|
| | | | | |

## Mes meilleurs souvenirs

## Prénoms de mes camarades dans la grande photo

# MA PHOTO DE CLASSE

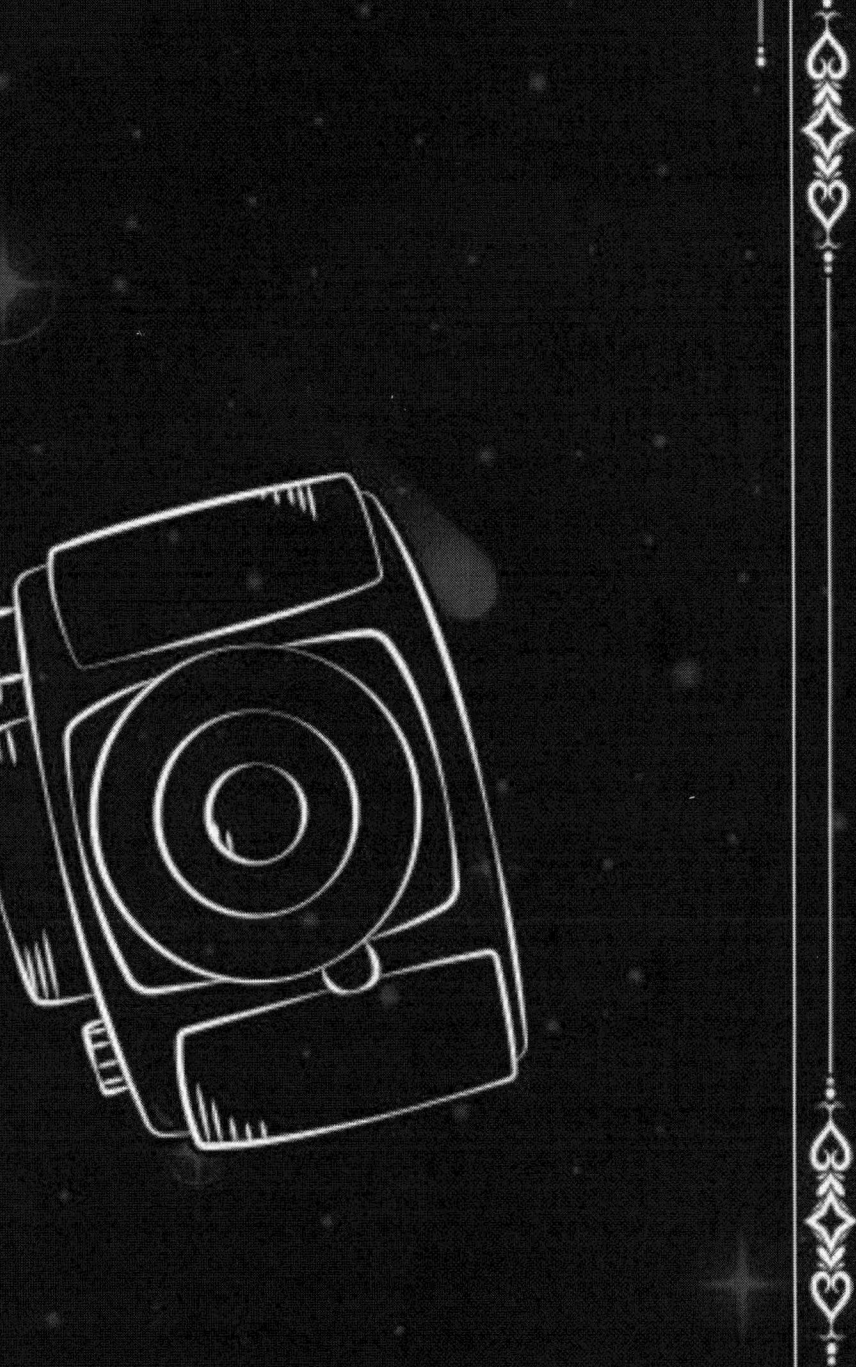

# COURS MOYEN 1

Année scolaire ___ / ___

Je suis dans la classe de ___

Mon école ___

Mes meilleurs amis de classe

J'ai ___ ANS

| En début d'année | En fin d'année |
|---|---|
| Je pèse | Je pèse |
| Je mesure | Je mesure |

Je colle ma photo

Meilleur souvenir de l'année
___
___
___
___

## Mes meilleurs souvenirs

## Prénoms de mes camarades dans la grande photo

# MA PHOTO DE CLASSE

# COURS MOYEN 2

Année scolaire ___ / ___

Je suis dans la classe de ___

Mon école ___

Mes meilleurs amis de classe

J'ai ___ ANS

| En début d'année je pèse | Je mesure | En fin d'année je pèse | Je mesure |
|---|---|---|---|
|  |  |  |  |

Je colle ma photo

Meilleur souvenir de l'année

## Mes meilleurs souvenirs

## Prénoms de mes camarades dans la grande photo

# MA PHOTO DE CLASSE

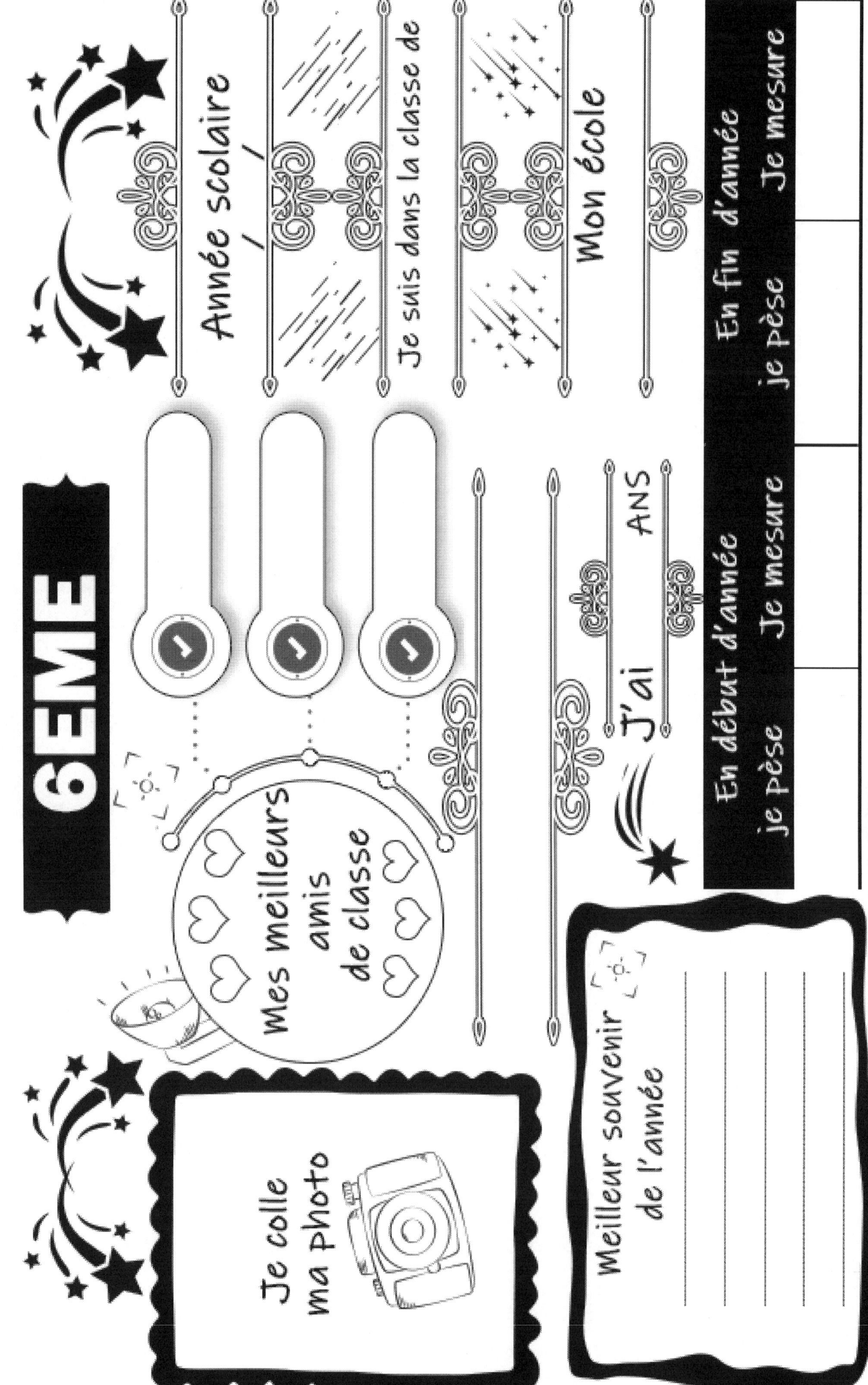

## Mes meilleurs souvenirs

## Prénoms de mes camarades dans la grande photo

# MA PHOTO DE CLASSE

# 5EME

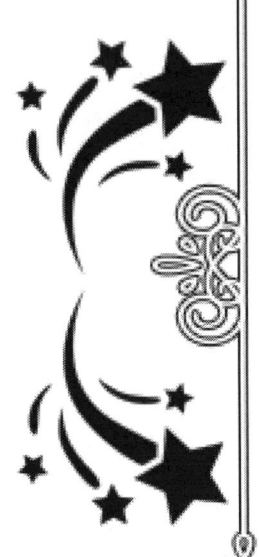

Année scolaire ___/___

Je suis dans la classe de ___

Mon école ___

Mes meilleurs amis de classe

J'ai ___ ANS

Je colle ma photo

Meilleur souvenir de l'année
___
___
___

| En début d'année | En fin d'année |
|---|---|
| je pèse | je pèse |
| Je mesure | Je mesure |

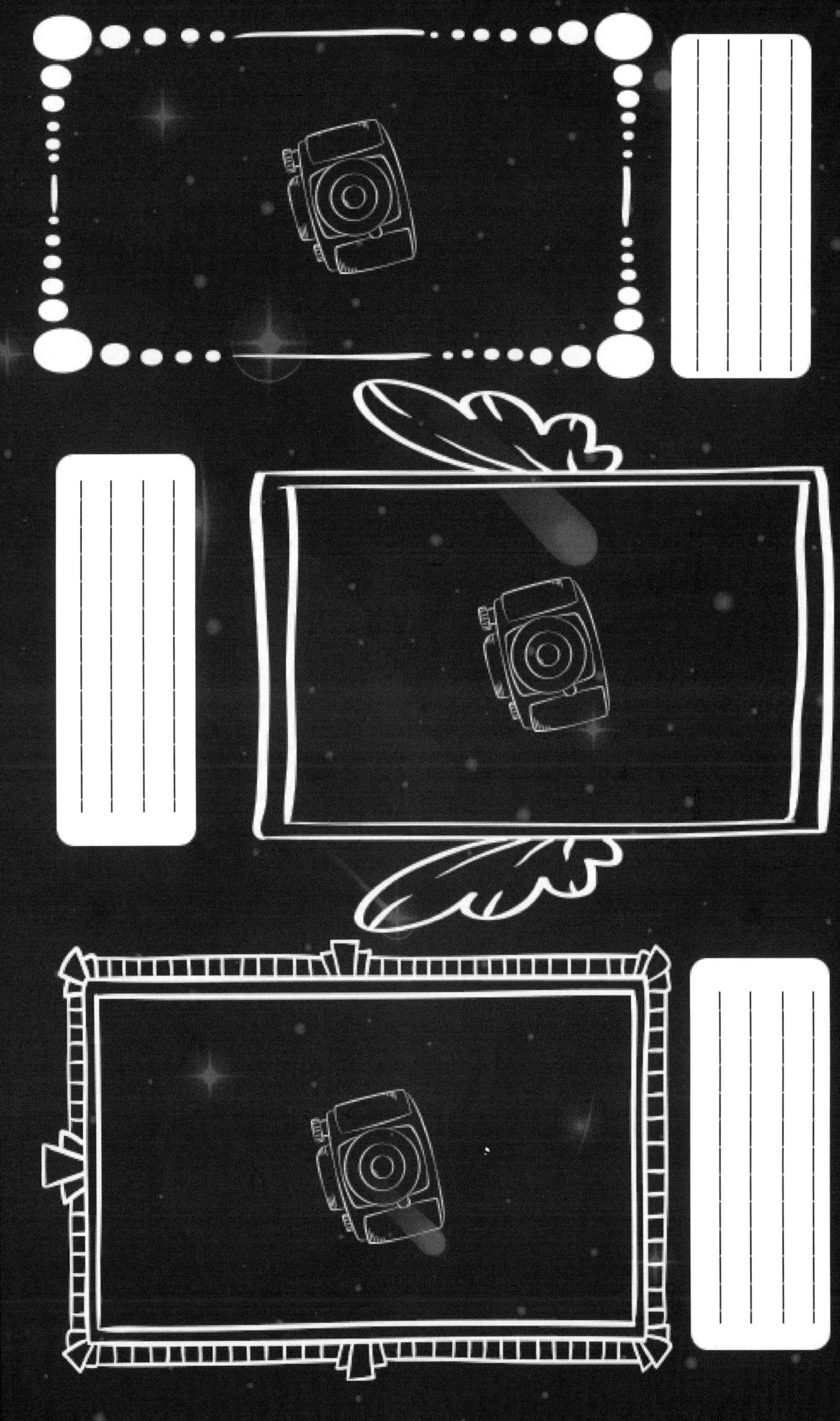

## Mes meilleurs souvenirs

## Prénoms de mes camarades dans la grande photo

# MA PHOTO DE CLASSE

# 4EME

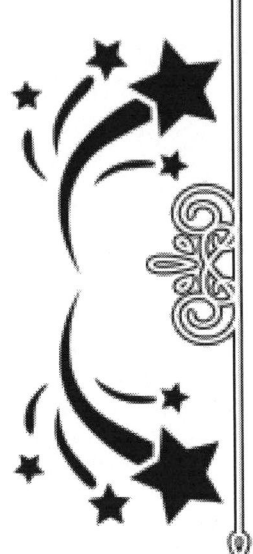

Année scolaire __/__

Je suis dans la classe de _____

Mon école _____

Mes meilleurs amis de classe

J'ai ___ ANS

En début d'année
Je pèse
Je mesure

En fin d'année
Je pèse
Je mesure

Je colle ma photo

Meilleur souvenir de l'année
_____
_____
_____

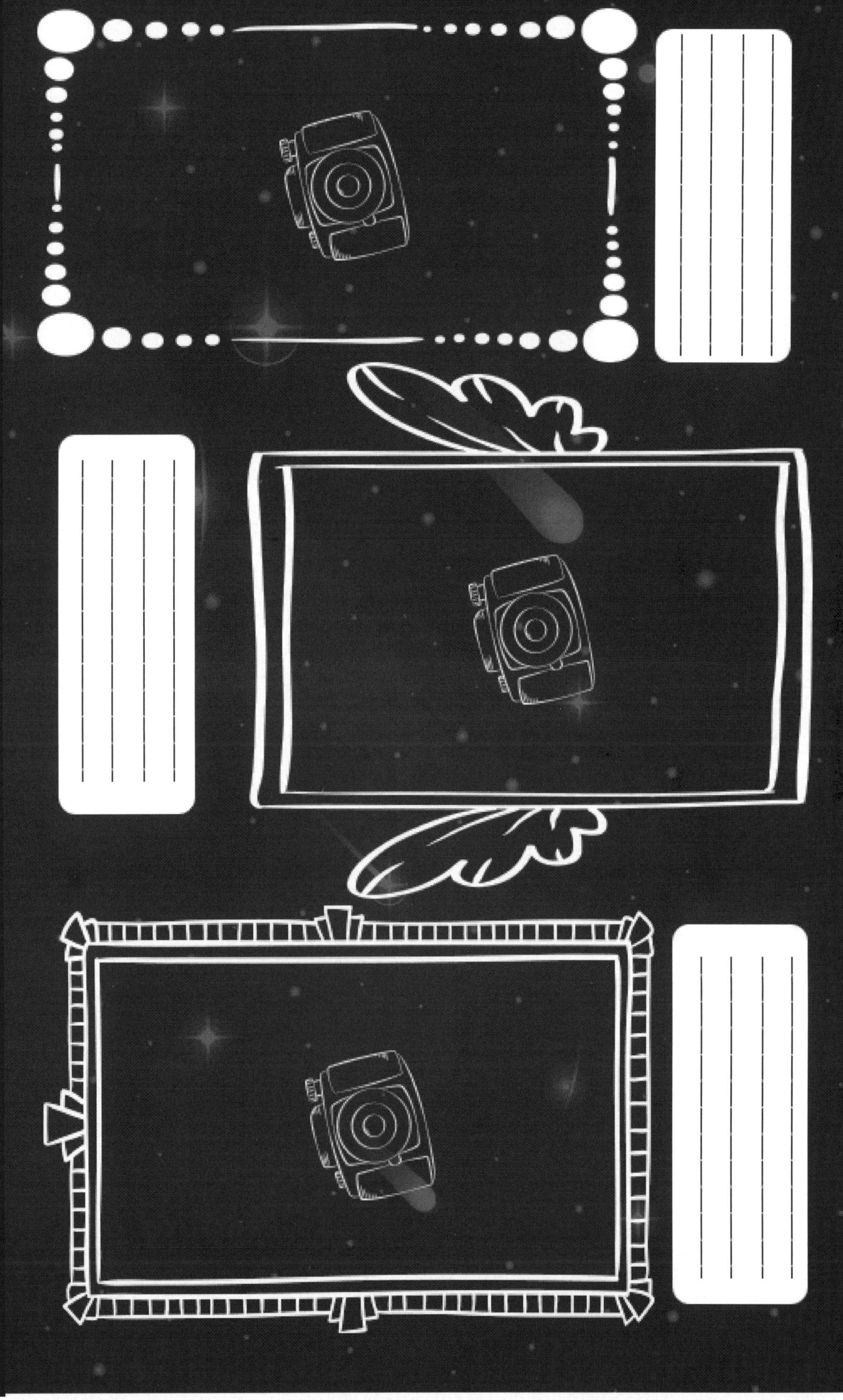

## Mes meilleurs souvenirs

## Prénoms de mes camarades dans la grande photo

# MA PHOTO DE CLASSE

# 3EME

Année scolaire ___ / ___

Je suis dans la classe de ___

Mon école ___

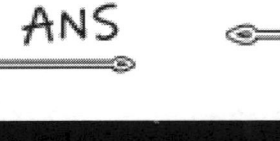

Mes meilleurs amis de classe

J'ai ___ ANS

En début d'année
je pèse ___
Je mesure ___

En fin d'année
je pèse ___
Je mesure ___

Je colle ma photo

Meilleur souvenir de l'année
___
___
___
___

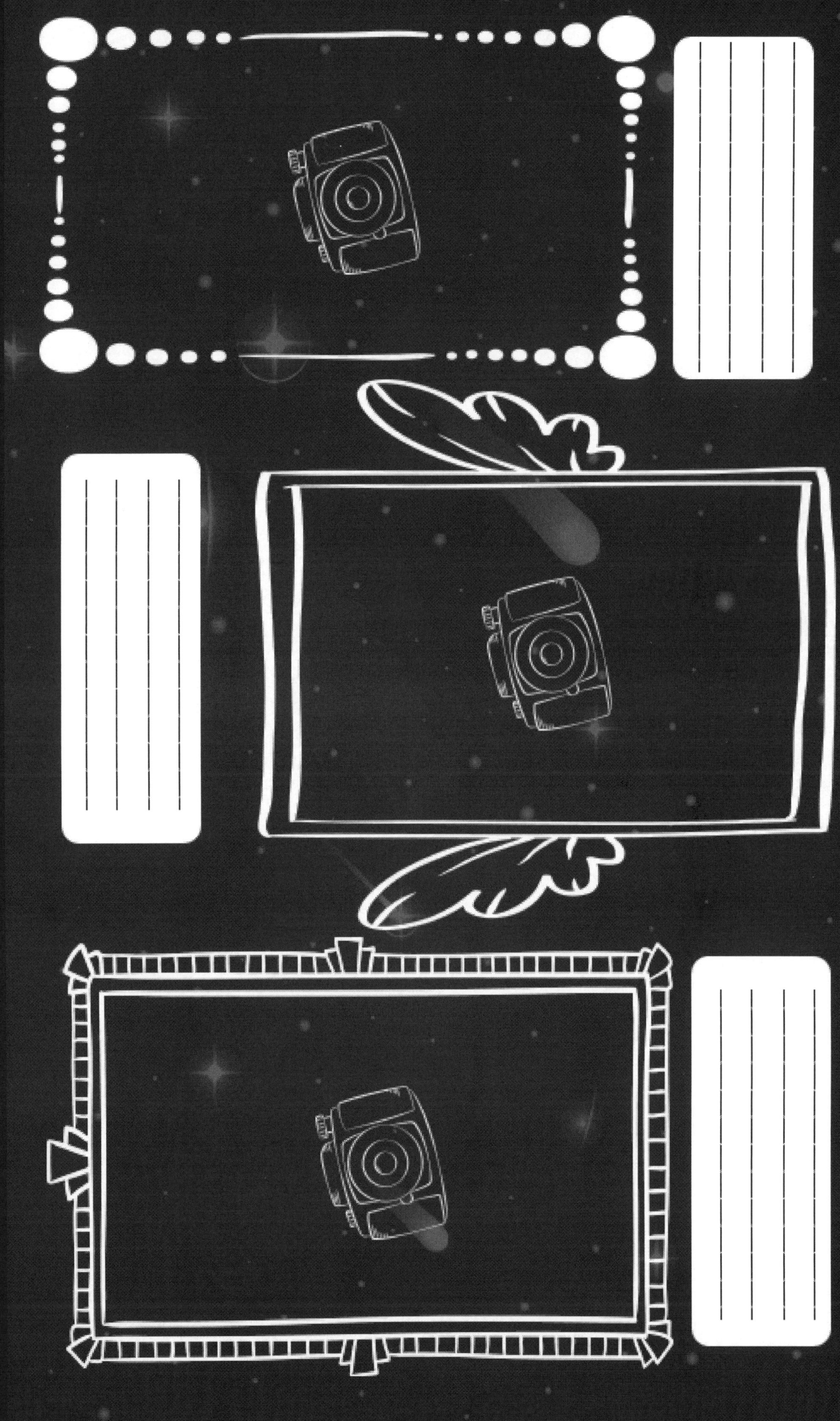

## Mes meilleurs souvenirs

## Prénoms de mes camarades dans la grande photo

# MA PHOTO DE CLASSE

# SECONDE

Année scolaire ___ / ___

Je suis dans la classe de ___

Mon école ___

Mes meilleurs amis de classe

J'ai ___ ANS

| En début d'année | | En fin d'année | |
|---|---|---|---|
| je pèse | Je mesure | je pèse | Je mesure |
|  |  |  |  |

Je colle ma photo

Meilleur souvenir de l'année
___
___
___

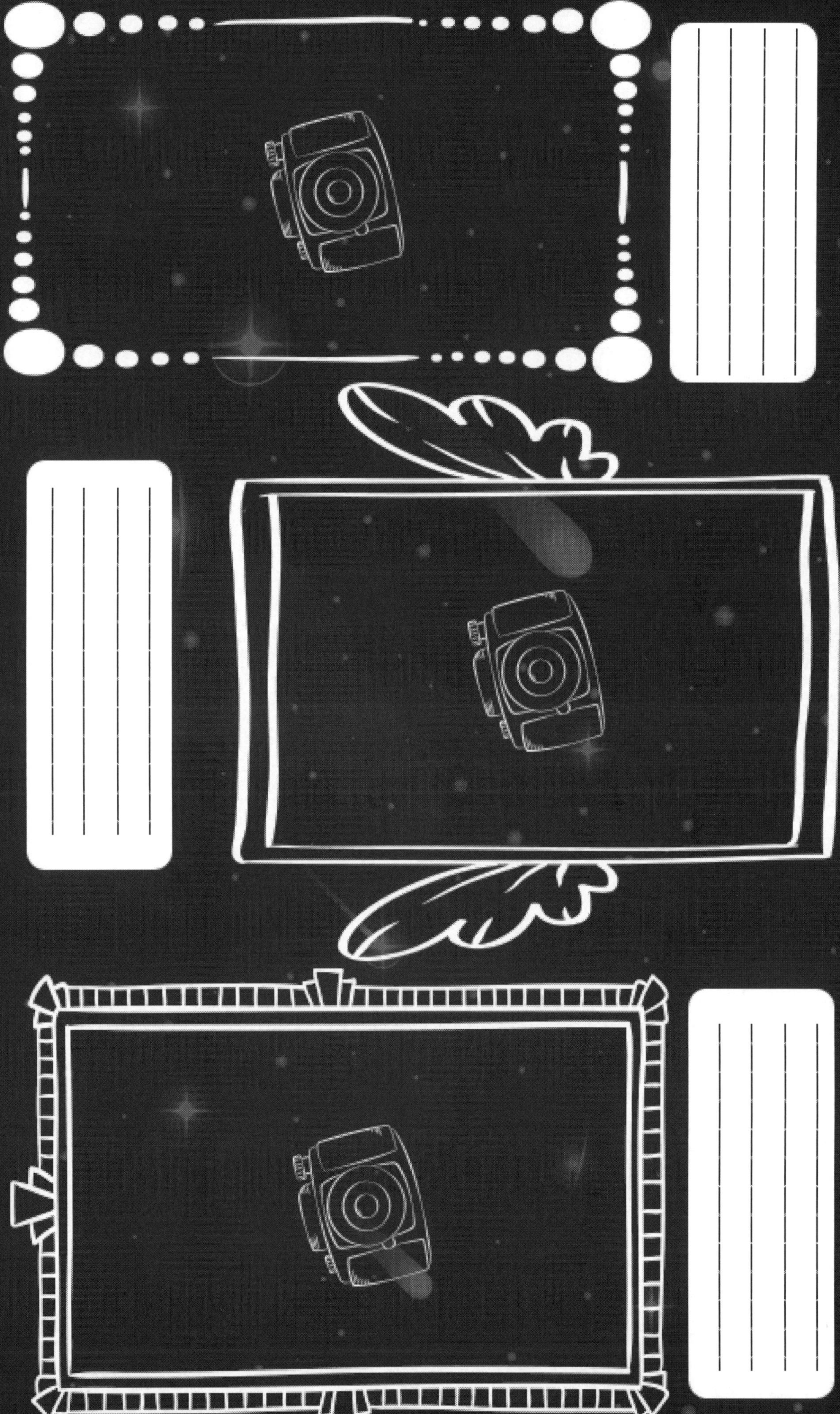

## Mes meilleurs souvenirs

## Prénoms de mes camarades dans la grande photo

# MA PHOTO DE CLASSE

# PREMIERE

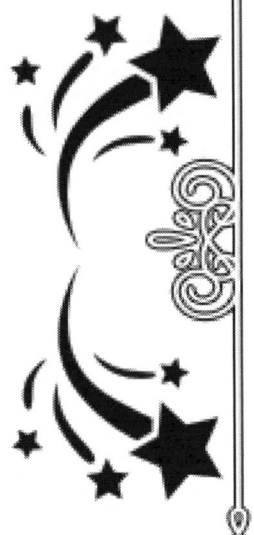

Année scolaire ___/___

Je suis dans la classe de ___

Mon école ___

Mes meilleurs amis de classe

J'ai ___ ANS

| En début d'année | Je mesure | En fin d'année | Je mesure |
|---|---|---|---|
| je pèse | | je pèse | |

Je colle ma photo

Meilleur souvenir de l'année
___
___
___

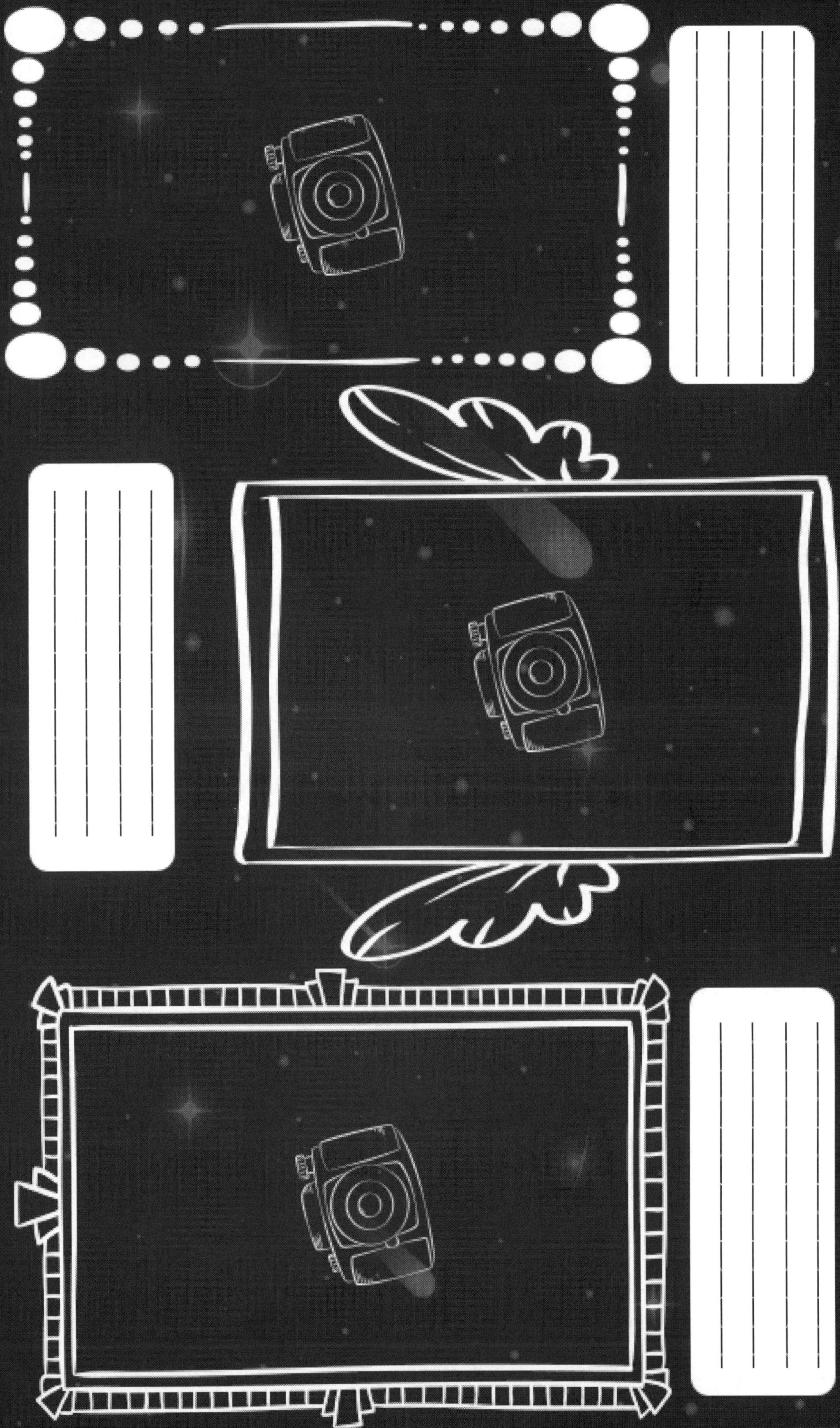

## Mes meilleurs souvenirs

## Prénoms de mes camarades dans la grande photo

# MA PHOTO DE CLASSE

# TERMINALE

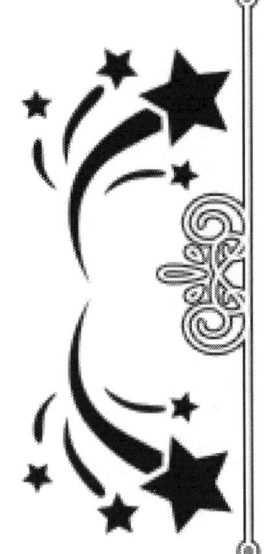

Année scolaire ___/___

Je suis dans la classe de ___

Mon école ___

Mes meilleurs amis de classe

J'ai ___ ANS

| En début d'année | En fin d'année |
|---|---|
| Je pèse | Je pèse |
| Je mesure | Je mesure |

Je colle ma photo

Meilleur souvenir de l'année
___
___
___
___

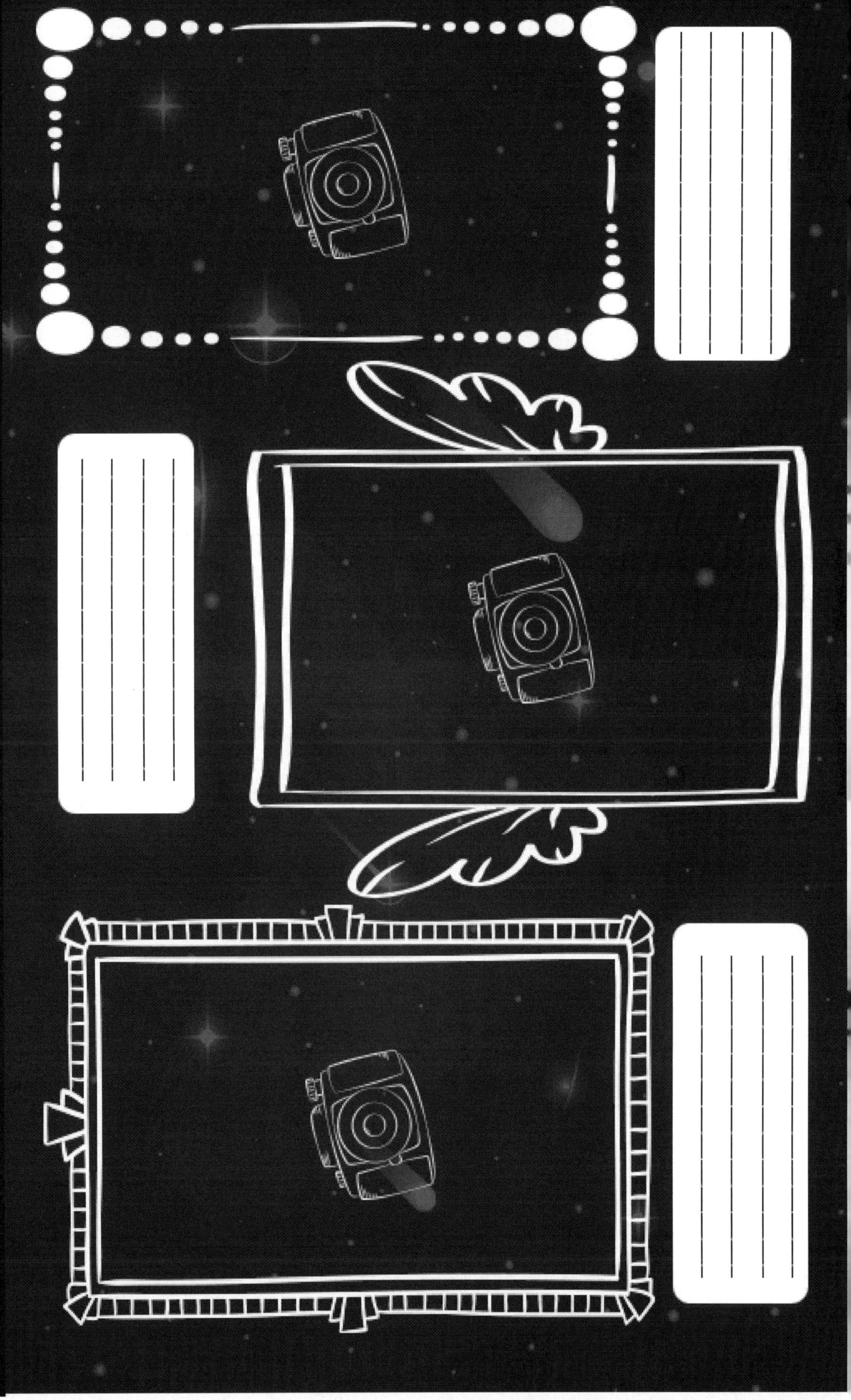

## Mes meilleurs souvenirs

## Prénoms de mes camarades dans la grande photo

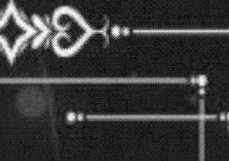

# MA PHOTO DE CLASSE

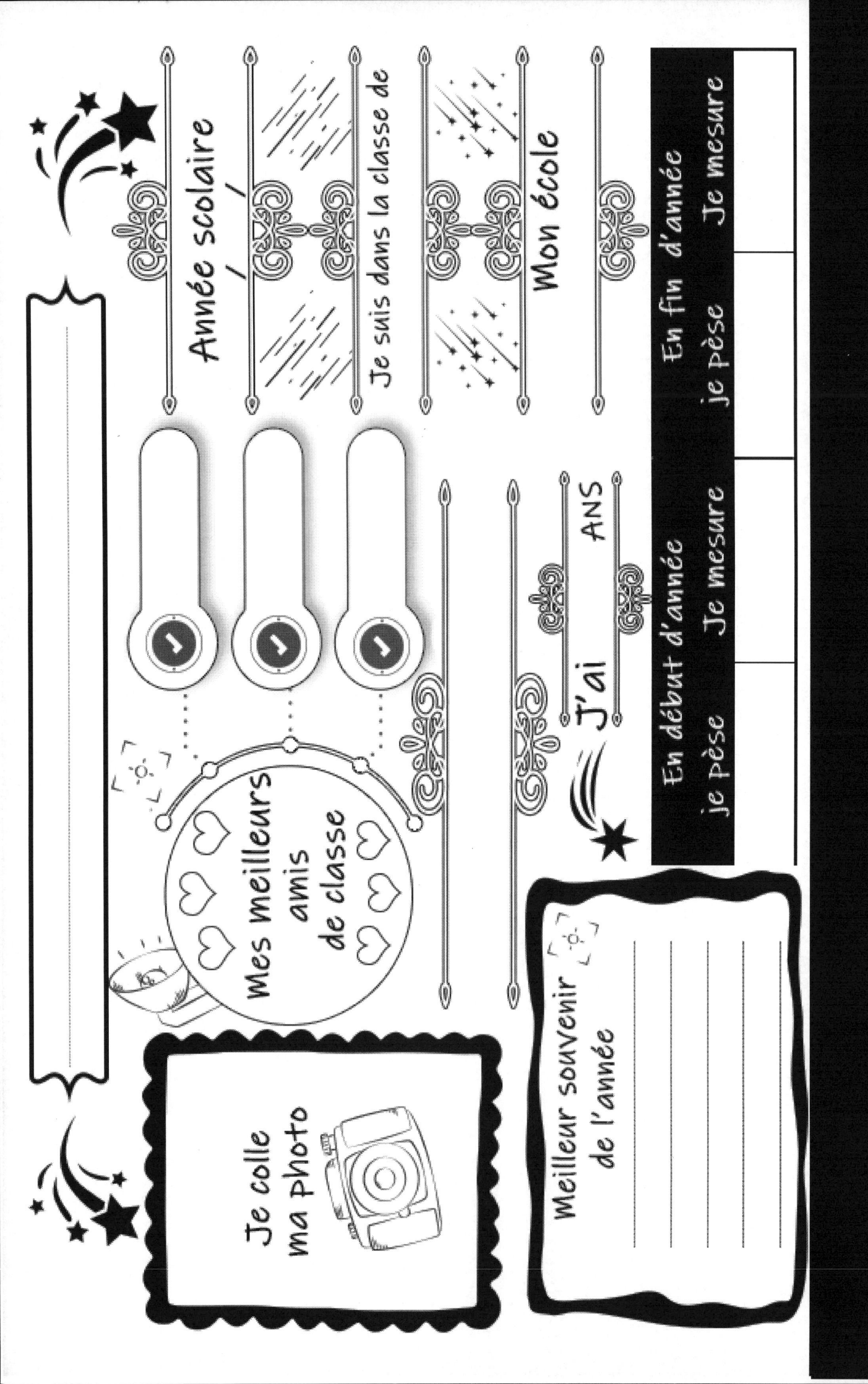

Année scolaire ___ / ___

Je suis dans la classe de

Mon école

Mes meilleurs amis de classe

J'ai ___ ANS

Je colle ma photo

Meilleur souvenir de l'année

En début d'année
je pèse
Je mesure

En fin d'année
je pèse
Je mesure

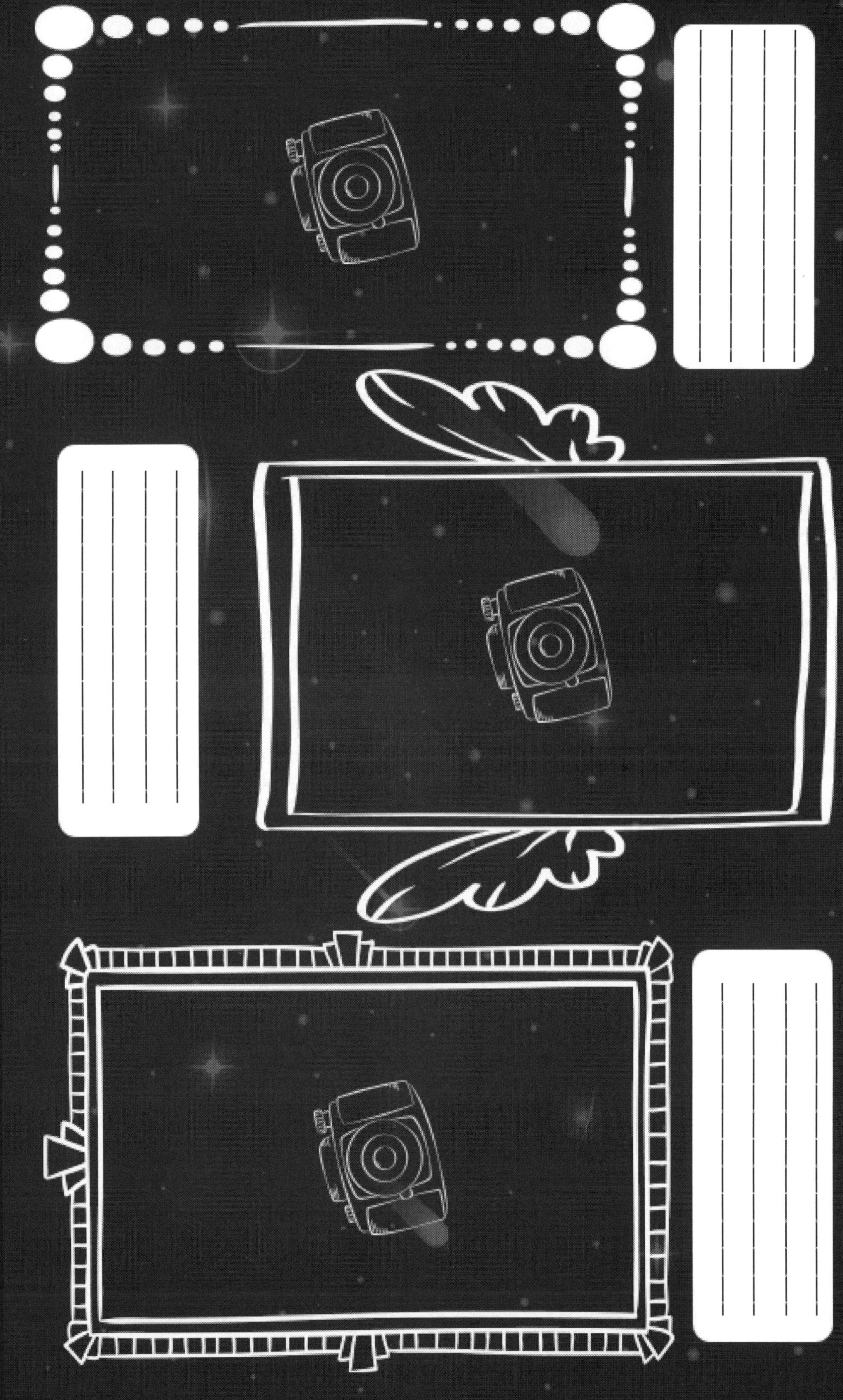

## Mes meilleurs souvenirs

## Prénoms de mes camarades dans la grande photo

# MA PHOTO DE CLASSE

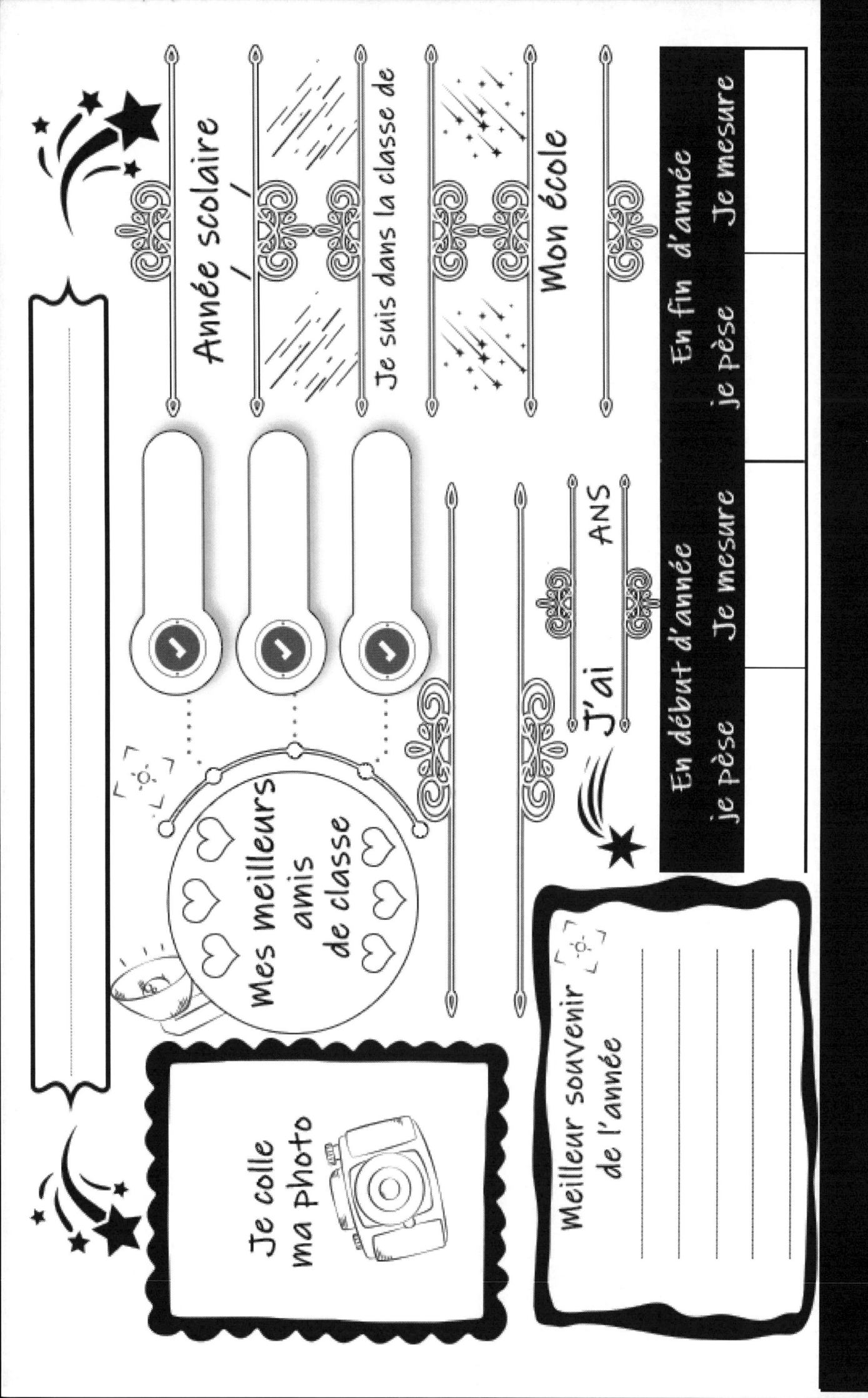

Année scolaire ___ / ___

Je suis dans la classe de

Mon école

Mes meilleurs amis de classe

J'ai ___ ANS

| En début d'année | | En fin d'année | |
|---|---|---|---|
| Je mesure | | Je mesure | |
| je pèse | | je pèse | |

Je colle ma photo

Meilleur souvenir de l'année

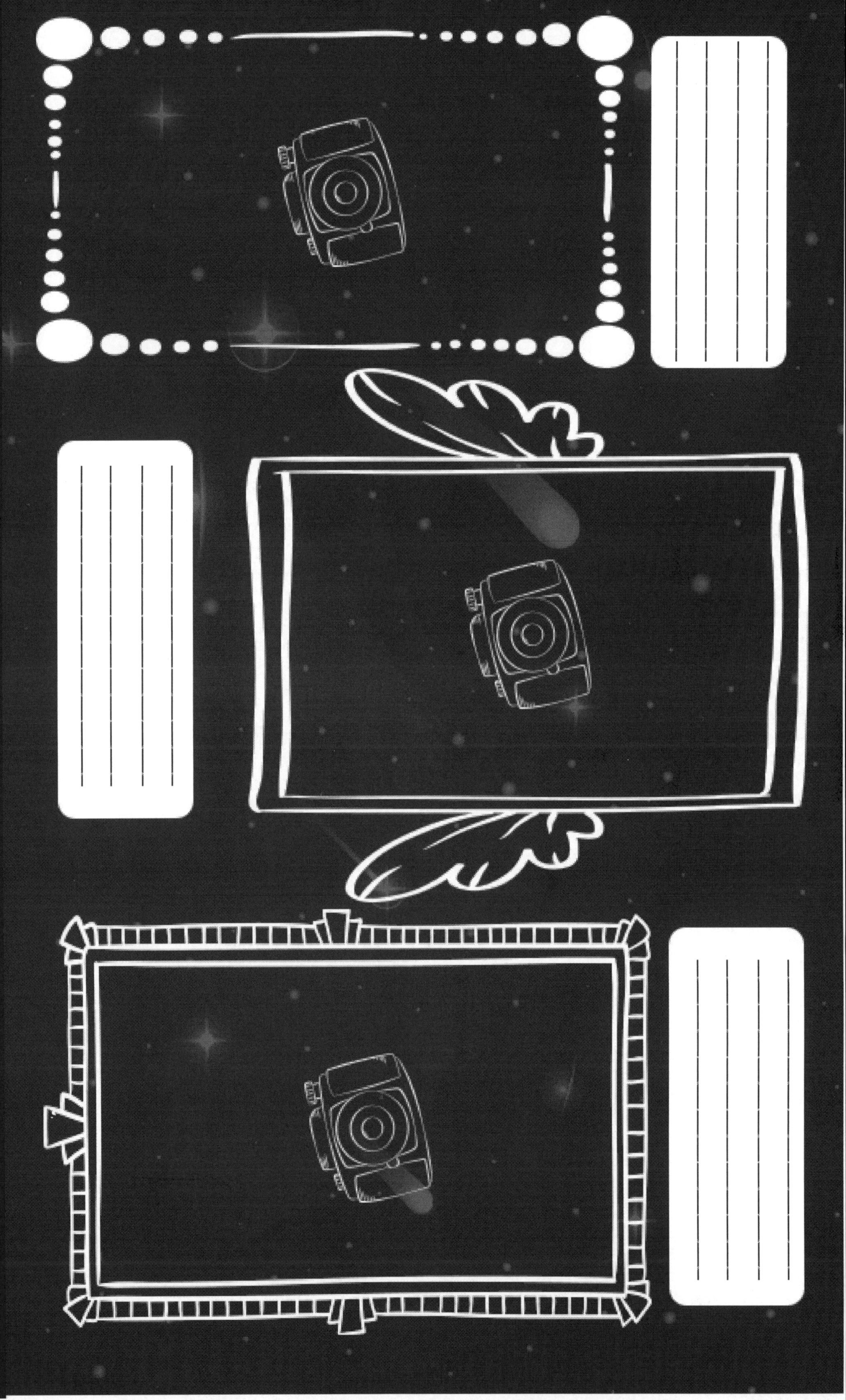

## Mes meilleurs souvenirs

## Prénoms de mes camarades dans la grande photo

# MA PHOTO DE CLASSE

# ALBUM PHOTO DE CLASSE

CET ALBUM EST COMPOSÉ DE 70 PAGES À COMPLÉTER, VOUS POURREZ COLLER VOS PLUS BELLES PHOTOS DE CLASSE ET VOS MEILLEURS SOUVENIRS TOUT AU LONG DE VOTRE PARCOURS SCOLAIRE !

(VOUS POURREZ GARDER EN SOUVENIR JUSQU'À 17 ANNÉES (15 ANNÉES DE LA PETITE SECTION JUSQU'À LA TERMINALE ET 2 ANNÉES SUPPLÉMENTAIRES EN CAS DE DÉMÉNAGEMENT EN COURS D'ANNÉE SCOLAIRE OU REDOUBLEMENT...).

POUR CHAQUE ANNÉE SCOLAIRE VOUS TROUVEREZ LES ÉLÉMENTS SUIVANTS :

UNE PAGE D'IDENTITÉ POUR L'ANNÉE SCOLAIRE

UNE PAGE POUR COLLER LA PHOTO COLLECTIVE DE LA CLASSE

UNE PAGE POUR COLLER LES PHOTOS INDIVIDUELLES

UNE PAGE À COMPLÉTER, POUR NOTER LE NOM DE VOS CAMARADES ET VOS MEILLEURS SOUVENIRS.

Printed by Amazon Italia Logistica S.r.l.
Torrazza Piemonte (TO), Italy